FÜR DAS
Geburtstagskind:

....

Ein Gästebuch zur Erinnerung an Deinen besonderen Tag!

....

Ort & Datum

better notes

© Better Notes · Kochhannstr. 30 · 10249 Berlin · info@betternotes.de · www.betternotes.de
Autor und Umschlaggestaltung: Ilya Malyanov / ilyamalyanov.com

Name:

....

Die besten Glückwünsche:

....

....

....

....

....

....

....

....

....

Das schönste Foto:

Name:

....

Die besten Glückwünsche:

Das schönste Foto:

NAME:

....

DIE BESTEN GLÜCKWÜNSCHE:

Das schönste Foto:

NAME:

....

DIE BESTEN GLÜCKWÜNSCHE:

....
....
....
....
....
....
....
....
....
....

Das schönste Foto:

NAME:

....

DIE BESTEN GLÜCKWÜNSCHE:

Das schönste Foto:

Name:

....

Die besten Glückwünsche:

....
....
....
....
....
....
....
....
....
....

Das schönste Foto:

NAME:

....

DIE BESTEN GLÜCKWÜNSCHE:

Das schönste Foto:

NAME:

....

DIE BESTEN GLÜCKWÜNSCHE:

....
....
....
....
....
....
....
....

Das schönste Foto:

NAME:

....

DIE BESTEN GLÜCKWÜNSCHE:

....

....

....

....

....

....

....

....

Das schönste Foto:

NAME:

....

DIE BESTEN GLÜCKWÜNSCHE:

Das schönste Foto:

NAME:

....

DIE BESTEN GLÜCKWÜNSCHE:

Das schönste Foto:

NAME:

....

DIE BESTEN GLÜCKWÜNSCHE:

....
....
....
....
....
....
....
....
....
....

Das schönste Foto:

NAME:

....

DIE BESTEN GLÜCKWÜNSCHE:

Das schönste Foto:

NAME:

....

DIE BESTEN GLÜCKWÜNSCHE:

....

....

....

....

....

....

....

....

....

....

Das schönste Foto:

NAME:

....

DIE BESTEN GLÜCKWÜNSCHE:

Das schönste Foto:

NAME:

....

DIE BESTEN GLÜCKWÜNSCHE:

....
....
....
....
....
....
....
....
....

Das schönste Foto:

NAME:

....

DIE BESTEN GLÜCKWÜNSCHE:

....

....

....

....

....

....

....

....

....

Das schönste Foto:

NAME:

....

DIE BESTEN GLÜCKWÜNSCHE:

Das schönste Foto:

NAME:

....

DIE BESTEN GLÜCKWÜNSCHE:

Das schönste Foto:

NAME:

....

DIE BESTEN GLÜCKWÜNSCHE:

....
....
....
....
....
....
....
....
....
....

Das schönste Foto:

Name:

....

Die besten Glückwünsche:

....

....

....

....

....

....

....

....

....

Das schönste Foto:

NAME:

....

DIE BESTEN GLÜCKWÜNSCHE:

....
....
....
....
....
....
....
....
....

DAS SCHÖNSTE FOTO:

NAME:

....

DIE BESTEN GLÜCKWÜNSCHE:

Das schönste Foto:

NAME:

....

DIE BESTEN GLÜCKWÜNSCHE:

....
....
....
....
....
....
....
....
....

Das schönste Foto:

NAME:

....

DIE BESTEN GLÜCKWÜNSCHE:

....
....
....
....
....
....
....
....

Das schönste Foto:

NAME:

....

DIE BESTEN GLÜCKWÜNSCHE:

....
....
....
....
....
....
....
....
....
....

Das schönste Foto:

NAME:

....

DIE BESTEN GLÜCKWÜNSCHE:

Das schönste Foto:

NAME:

....

DIE BESTEN GLÜCKWÜNSCHE:

....
....
....
....
....
....
....
....
....

Das schönste Foto:

NAME:

....

DIE BESTEN GLÜCKWÜNSCHE:

....
....
....
....
....
....
....
....
....

Das schönste Foto:

NAME:

....

DIE BESTEN GLÜCKWÜNSCHE:

....

....

....

....

....

....

....

....

....

Das schönste Foto:

NAME:

....

DIE BESTEN GLÜCKWÜNSCHE:

Das schönste Foto:

NAME:

....

Die besten Glückwünsche:

....
....
....
....
....
....
....
....
....

Das schönste Foto:

NAME:

....

DIE BESTEN GLÜCKWÜNSCHE:

Das schönste Foto:

NAME:

....

DIE BESTEN GLÜCKWÜNSCHE:

Das schönste Foto:

Name:

....

Die besten Glückwünsche:

Das schönste Foto:

NAME:

....

DIE BESTEN GLÜCKWÜNSCHE:

Das schönste Foto:

Name:

....

Die besten Glückwünsche:

....

....

....

....

....

....

....

....

....

Das schönste Foto:

NAME:

....

DIE BESTEN GLÜCKWÜNSCHE:

Das schönste Foto:

NAME:

....

DIE BESTEN GLÜCKWÜNSCHE:

Das schönste Foto:

NAME:

....

Die besten Glückwünsche:

Das schönste Foto:

NAME:

....

DIE BESTEN GLÜCKWÜNSCHE:

....

....

....

....

....

....

....

....

Printed in Poland
by Amazon Fulfillment
Poland Sp. z o.o., Wrocław

24870595R00047